우주와 마음의 대화

고난을 통하여
깨닫고 즐기어라
깨달음의 기쁨은
최상의 환희이니
마음의 화평속에
행복 기리 누리세

문자추상화가
지호 김정택님의 싯귀
매산거사

우주와 마음의 대화

김정택의
시와 문자추상화

문학신문 출판국

우주와 마음의 대화

　시인이 시를 쓴다는 것은 특별한 감성과 문학의 조예가 깊은 사람들만의 것으로 생각했습니다.
　처음 서예와 한시를 송강 김보현 선생님께 배우면서 절구와 율시는 몇 자에 맞추어 지어야 한다는 이야기를 들으면서도 이해가 되지 않았습니다. 그러나 미술 작품을 만들고 해설을 하려면 작품의 뜻과 의미를 잘 전달하기 위하여 시처럼 문장을 함축적이면서 간결하게 표현해야 하였습니다. 그래서 성서를 연구하며 시편을 읽게 되었고, 문장을 시적으로 표현하는 데 많은 도움이 되었습니다.

　그리고 시를 쓰는 사람, 작곡 작사를 하는 사람들과 대화를 나누다 보면 저처럼 어떤 것을 보고 생각나면 노트를 한다는 말을 들으면서 작품을 만드는 과정이 같다는 생각이 들었습니다. 이렇게 문장을 하나하나 쓰다 보니 제법 많은 시를 쓰게 되었으나, 어떻게 등단해야 할지를 모르고 있었는데 조기현 시인께서 제가 써 놓은 작품을 보시더니 등단을 해도 좋다고 하여, 시집을 내기엔 아직 부족한 점이 많으나 문자추상화를 함께 실은 시와 문자추상화 몇 작품을 담아 『우주와 마음의 대화』 시집을 내게 되었습니다.
　저의 작품을 통해 저처럼 시 쓰기에 관심은 있으나 어렵다고 생각하는 분들께 마음의 도움이 되길 바랍니다.

2020년 12월
김정택

歲月 속에 香氣

세월이 흘러 흘러
어느덧 칠십일세
마음은 스물인데
변한 것이 없구나
변한 것은 오로지
세월 속에 香氣네

흐르는 세월 속에
지난 일 回想하니
삶의 智慧와 知識
마음의 보물들은
문자추상화와 시
추억 속에 춤추네!

    2020년 11월 16일
    김정택

차례

우주와 마음의 대화 ‥ 4
歲月 속에 香氣 ‥ 5

제1부 우주와 인간

1. 마음의 문과 마음의 벽 ‥ 12
2. 우주와 인간 ‥ 15
3. 즐거움을 주는 나무 ‥ 17
4. 마음의 거울 ‥ 19
5. 마음의 굴레 ‥ 20
6. 마음 선악의 뿌리 ‥ 21
7. 마음의 문을 열어라 ‥ 22
8. 마음의 그릇 ‥ 23
9. 마음 우주와 블랙홀 1 ‥ 24
10. 마음 우주와 블랙홀 2 ‥ 25
11. 마음의 우주 ‥ 26
12. 마음의 행복을 찾아 ‥ 27
13. 마음의 창을 열어라 ‥ 28

제2부 바람아 불어라

14. 그리움 1 ‥ 30
15. 그리움 2 ‥ 31
16. 두 송이 난꽃 ‥ 32
17. 바람아 불어라 ‥ 33
18. 두꺼비와 공작의 사랑 ‥ 34
19. 삶의 노래 ‥ 36
20. 삶 ‥ 37
21. 영원한 학(鶴) ‥ 38
22. 인(忍) - 파라다이스를 향하여 ‥ 39
23. 술이 솟는 샘 ‥ 40
24. 아름다운 우리 사랑 ‥ 41
25. 쌀 나방 소동 ‥ 42
26. 세월의 흔적(痕迹) ‥ 44

제3부 작가의 길

27. 작가의 길 ·· 46
28. 행복 ·· 47
29. 행복의 집 ·· 48
30. 태몽 – 태양을 삼키다 ·· 49
31. 태산에 올라 ·· 50
32. 태산 등정 ·· 52
33. 태(胎)의 득도(得道) 다조(多助) ·· 53
34. 호주머니 속의 모기 ·· 54
35. 문자들의 이야기 ·· 56
36. 한마음〔一心〕·· 57
37. 사랑과 평화 ·· 58
38. 어둠 속의 빛 ·· 59
39. 레닌기념관 ·· 60
40. 항주 ·· 61
41. 황산에 뜨는 별 ·· 62

제4부 용서와 사랑

42. 눈 속에 숨겨진 지혜와 이해 ‥ 64
43. 사랑 1 ‥ 65
44. 사랑 2 ‥ 66
45. 아내의 외로움 ‥ 67
46. 여호와의 사랑과 친절에 감사 ‥ 68
47. 도의 길 ‥ 70
48. 時空間(시공간)의 壁(벽)을 넘어라 ‥ 71
49. 선과 악 1 ‥ 72
50. 선과 악 2 ‥ 73
51. 인생 삶의 노래 ‥ 74
52. 인생의 아름다움 ‥ 76
53. 은혜 ‥ 77
54. 용서와 사랑 ‥ 78
55. 낮과 밤 ‥ 79
56. 환상의 절벽 ‥ 80

제5부 삼천리금수강산

57. 죽음의 터널에서 ·· 82
58. 꼬레아 여인 ·· 83
59. 한글은 사람 형상 ·· 84
60. 세계를 빛낸 한국의 얼굴 ·· 85
61. 한글 사랑 천지인 ·· 86
62. 삼천리금수강산 ·· 87
63. 한류여 영원하라! ·· 88
64. 뜨는 별과 지는 해 ·· 89
65. 辛卯(신묘) ·· 90
66. 땅 ·· 91
67. 산바 태풍 ·· 92
68. 두 동전 이야기 ·· 93
69. 샘〔泉〕·· 94
70. 산 산 산 ·· 95
71. 늑대들의 잔치 ·· 96
72. 천마 ·· 100

**문자 추상화가 김정택의
미술 작품 모음** ·· 101

제1부
마음의 벽과 마음의 문

「마음의 벽과 마음의 문」(오동나무. 채색. 금가루)

마음의 문과 마음의 벽
- Wall and Door of Heart -

야! 이 벽창호야!
내가 뭘?

넌 모르니 너 자신을?
내가 뭘 어쨌는데……

아니 그래도 몰라?
아이참 답답해 죽겠네

진짜 그래도 몰라
뭘?

네 눈을 크게 뜨고
다시 한번 봐!

왜 세계는
왜 종교는
왜 정치는
사회는 우리 자신은

서로 아옹다옹하며 헐뜯고
서로 죽이려 하는가를?
글쎄

우리 마음의 벽 때문이야!
네 마음의 벽을 헐어 봐
어떻게?

마음의 문을 열어야지!
뭐?
마음의 문을 열라고!
그래

너 자신의 그릇된 욕망을 버려!
그리고 다른 사람의 입장이 되어 봐
그러면 또 다른 네가 보일 거야

그때는 네 마음의 문이 열리면서
네 마음의 벽도 없어질 거야.

(2011년 5월 11일)

「마음의 벽과 마음의 문」(오동나무. 채색. 금가루)

The barrier of heart and the door of heart

Hi! You, stubborn!
What did I say?

Don't you know yourself?
What did I do?

You don't know yet?
I'm in a tight position.

You really don't know?
What?

Open your eyes widely.
Look around again!

Why the world?
Why the religion?
Why the politics?
Why the society, and ourselves?

Why we quarrel and find fault with each other?
Even kill each other?
Well!!!…….

It's all because of wall of heart.
Break your wall of heart.
How?

Open your wall of heart.
What?
Open the wall of your heart!
Yes!

Throw away your low desire!
Change your position with other people.
Then.
You will see another you.

Then your door of heart opens.
Your wall of heart will disappear.

우주와 인간
- The Space and Human -

별을 삼키는 블랙홀은
입과 같고

밝은 빛으로 낮과 밤을 밝힌 해와 달은
두 눈과 같네

생명이 살아 숨 쉬는 지구는
코와 같고

수많은 별들과 은하수는
복잡한 뇌와 같네

소리 없이 전하는 전파는
귀와 같으니

우주의 섭리가
인체 안에 모두 있구나.

「우주와 인간」

The Space and Human

Black hole swallowed the
star like the mouse.

The sun and moon light up the
day and night like the eyes.

The earth is living and
breathing like the nose.

The many stars and milky way
like the complex brain.

The electronic waves without
of sound like the ears.

The providence of space is
all in the human body.

즐거움을 주는 나무
- A tree of pleasure -

큰 나뭇가지
바람결에 춤추니
나무 그늘 사람들
함께 즐거움을 누리네

크고 좋은 나무에는
새들이 깃들어 노래하니
큰 나무 아래 사람들
즐거움과 평화를 누리네.

「락 - 즐거움을 주는 나무」
(오동나무. 채색. 금가루)

〈작품 해설〉 - An explanation of the work -
훌륭한 지도자는 아랫사람들에게 즐거움과 마음의 평화를 주는 사람이어야 한다.
A good leader must give to his people the pleasure and peace of the mind.

〈부연 해설〉 - Amplification -
큰 나무 / a big tree - 왕 (the king, leader)
바람 / the wind - 세상의 흐름 /world flow
나무 그늘 사람 / the people under the shade of trees - 백성 / the public
락(樂)이라는 문자로 작품을 만듦 / It's made a word of RAK

A tree of pleasure

A big tree branch
dances in the wind.
The people under the shade of
trees have the pleasure together.

In the big and fine tree,
The birds are singing.
Under the big tree, people
enjoys the peace and pleasure.

마음의 거울

거울아
내 모습은

거울아
나는 누구

외모만 보지 말고
마음속을 비춰 봐!

거울아
너는 마음의 거울
누가 너를 뭐래도
옳고 그른 것들을
너만은 알잖아

거울아
오늘도 너는 나의
마음속 깊은 곳을
환하게 비추어
네 양심의 소리를
올바로 내라.

(2012년 10월 25일)

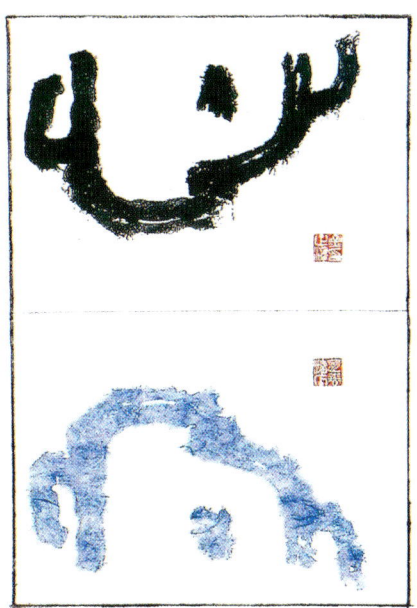

「마음의 거울」(한지 채색)

마음의 굴레

사람의 마음에는
욕심과 욕망이 함께 있구나!
돈의 욕망
사랑의 욕망
권력의 욕망
숭배의 욕망
범죄의 욕망
이 모든 것이 좋고도 나쁘니
지나친 욕심과 욕망 때문에
자기 마음을 제어하지 못하면
굴레가 되어 자신을 망하게 하니
마음의 굴레를 만들지 말라!

(2012년 6월 21일)

「마음의 굴레」(오동나무. 한지 채색)

마음 선악의 뿌리

눈이 선하면 선을 향하고
눈이 악하면 악을 향하니

性善說 性惡說은
善惡의 根本이니

악한 눈은 마음을 더럽히고
선한 눈은 마음이 아름답네

선한 마음 길러 내어
악한 마음 멀리하네.

「마음 선악의 뿌리」(한지 채색. 풀뿌리)

마음의 문을 열어라

마음의 문을 열면
입이 열리고 눈이 밝아지고
마음의 소리가 들린다네

꽁꽁 얼어붙은 우리 마음
무엇으로 열 수 있나요?

그것은 오직
이해와 사랑으로
마음의 소리를 들어주세요!

마음으로 입은 상처
무엇으로 풀 수 있나요

그것은 오직
용서하고 사랑하는 마음이
아픈 상처를 풀 수 있습니다.

마음의 그릇

사람의 됨됨이를
그릇에 비유하니
그 됨됨이는 마음
마음의 그릇일세

마음의 폭이 넓고
이해심 많은 사람
큰 그릇 되겠는걸!

마음의 폭이 좁고
생각이 얕은 사람
그릇이 영 작은걸!

마음은 해와 달
음양의 기운이니
때로는 밝은 마음
때로는 우울하니

밝고 어두운 마음
마음을 다스리니
마음 다스림으로
행복 사랑 넘치네.

(2012년 8월 8일)

「마음의 그릇」(오동나무. 금가루. 혼합재료)

마음은 우주와 블랙홀 1

마음은 우주처럼
한없이 넓고 커서
세상의 모든 것을
수용할 수 있다네

마음의 겸허와 겸손은
무한한 우주의 행성처럼
자신의 한계 알고 살지만

마음의 교만과 탐욕은
그릇된 욕망에 끌려들어
블랙홀 속으로 빨려 가네.

(2020년 11월 5일)

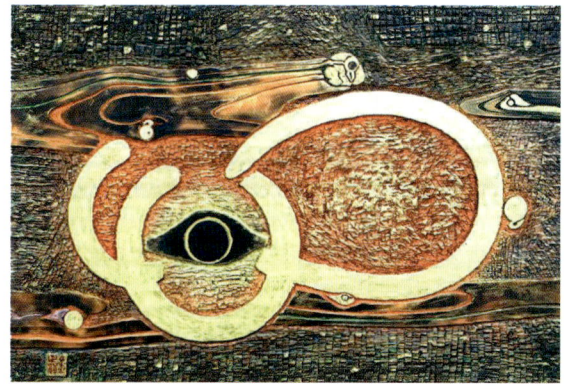

「마음 우주와 블랙홀 1」

마음은 우주와 블랙홀 2

마음은 우주처럼
한없이 광활하여
모두 다 포용하네
우주의 블랙홀이
별들을 삼키듯이
사람의 마음의 눈
블랙홀과 같아서
마음속의 深淵을
눈빛으로 삼키네.

(2020년 11월 15일)

「마음 우주와 블랙홀 2」

深淵: 마음이나 의식 속 깊은 곳을 비유적으로 이르는 말
       지구 중력의 영향이 미치지 않는 우주 공간

〈표지 그림〉
※ 편백나무의 무늬와 옹이를 이용해서 우주를 나타냄.
1. 옹이는 별들을 상징하고
블랙홀 연구 노벨상 수상자: 영국 로즈 펜로즈,
독일 라인하르트 겐첼, 미국 앤드리아 게즈
우주 진화의 비밀 외계 행성 발견: 미국 제임스 피블스,
스위스 미셸 마요르, 디디에 쿠엘로
2. 우주 연구에 공헌한 사람: 코페르니쿠스, 갈릴레오,
세종대왕, 장영실, 뉴턴, 아인슈타인, 스티븐 호킹, 허블
3. 우주비행사: 유리가가린, 닐 암스트롱, 발렌티나
4. 사람의 눈으로 관찰하면 특별한 것이 보인다.
파브르, 시턴, 제인 구달 이름을 별들로 상징해서 印幅을 새김.
5. 작품 해설: 마음 심 안의 눈은 블랙홀, 우측 우리의 태양계와 나무의 무늬들은 우주의 자기장으로 표현함, 시 속에 뜻이 담겨 있음.
*자기장: 지구 중심부에서는 공 모양의 용해된 철이 회전하고 있으며, 그로 인해 지구에는 우주 공간 먼 곳까지 우주 방사선에서 나오는 힘으로부터 우리를 보호해 준다.

마음의 우주

마음은 우주
우주 속의 나

때로는 미약한 존재
때로는 무한한 존재

마음은 사람에 따라
존재 가치가 다르니

마음을 다스리고
마음을 깨우치니
저 넓은 우주도
마음 안에 뜻이 있네

밝은 빛의 마음은
어두움이 열리네.

「마음의 우주」(한지)

마음의 행복을 찾아

사람이 행복을 찾아 구하니
아, 돈만 많으면 행복하겠지
무슨 소리 남녀의 아름다운 사랑
이것이 최고의 행복이 아닐까?

참된 종교를 찾아 믿어 봐
모든 근심 걱정 없는 행복을 얻을 거야
아냐 권력의 힘이 있어야
무엇이든지 할 수 있어

아냐 행복은
돈 권력 남녀의 사랑 종교에서
찾을 수 있을지 모르지만
참다운 행복은
먼저 마음에서 자아를 찾는 것이다.

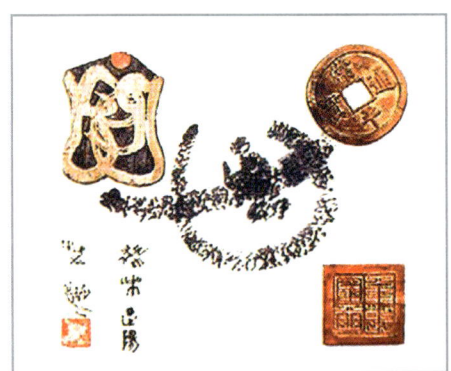

「마음의 행복을 찾아서」

마음의 창을 열어라

불안전한 세상에 사노라면
우린 누구를 믿고 살아가나요?
답답한 심정 어디에서 하소연할까요?
마음 탁 터놓고 대화할 사람 없나요?

믿고 안다고 다가가면
믿는 것이 바보지 누굴 믿어
좋다 사랑한다 마음 주면
마음에 상처만 남긴답니다
왜 세상인심 이렇게 변할까요?
왜 사람들을 믿을 수 없을까요?
우리 모두 마음의 창을 열고
이해와 사랑으로 믿음 쌓아서
믿고 사랑하는 세상에서 살아가세.

(2016년 8월 1일)

제2부
바람아 불어라

「자연 속의 바람」

그리움 1
- 思念(사념) -

어스름 달밤
하늘엔 별똥별이 흐르고

월광곡 선율처럼
떨어지는 폭포수 소리

유유히 흘러가는 강기슭
아름다운 별장……

두 사람이 함께 속삭이며
사랑을 나누던 그 시절을 그리워하네.

(2011년 4월 5일)

「그리움」(오동나무. 채색. 금가루)

그리움 2

보고 싶다
만나고 싶다
그냥 그저
아무런 이유 없이
널
그리워하며
왜
그저 좋으니까
이것이
사랑인가 봐
아니냐!
그냥
생각할 뿐이냐!
난 널
아무런 이유 없이
아무런 감정 없이
그냥 그저
좋아하니까
난 널.

(2011년 3월)

두 송이 난꽃

두 송이 蘭(난)꽃이
예쁘게 피었네!

왜
두 송이일까?

혼자는 외로워서
살포시 혀 내밀며 윙크하네

꽃향기 맡으며 입 맞추니
한쪽 꽃 토라져 삐쳐 있네

난 둘 다 예쁘니
서로 다투지 말고

늘
함께 있어 다오.

(2011년 3월 30일)

바람아 불어라

바람아 불어라
바람아 불어라
바람아 불어라

꿈과 희망 행복의
바람이 불어온다
새 물결 새바람이
우리들 마음속의
태풍처럼 불어라

불신의 수렁에서
믿음과 사랑으로
그릇된 욕망보다
일하는 즐거움을

불어라 바람아
불어라 바람아

미래의 꿈을 향해
너와 나의 가슴에

바람아 불어라
바람아 불어라
바람아 불어라.

「자연 속의 바람」

두꺼비와 공작의 사랑

두꺼비
아름다운 공작의
모습을 보는 순간
저 아름다운 공작
함께 살 수 있다면
얼마나 행복할까
오르지 못할 나무
쳐다보지 말라고

한편 바람의 아들
먹이를 삼키는 곰
돌진하는 산돼지
마음을 감춘 하마
이들 모두 공작을
마음에 품고 있네

하지만 어느 날 두꺼비는
공작과 만남을 이루었네
공작 두꺼비 보고
저 못생긴 두꺼비
감히 나를 넘봐

그러나
공작 어미 청으로
공작이 둥지 터니
공작은 날지 못해
마음의 병이 들고

두꺼비는 바라던
공작을 품었으니
마음의 즐거움이
나날이 상승하나
공작의 마음에는
즐거움이 없네요

하지만 두꺼비의
변함없는 사랑이
얼음처럼 차갑던
마음의 문 열게 하니
모진 파도 풍파를
사랑으로 승화해
공작과 두꺼비는
여호와께 찬양해.

삶의 노래

아침에 눈을 뜨면 내 삶에 감사하고
인터넷 카톡의 주옥같은 글들은
내 마음 생각하며 나를 뒤돌아보네

지나간 세월들을 스치며 회상하니
수많은 흔적들은 아쉽고 그리워라

아-아아 아 아 아
아-아아 아 아 아

사진과 작품 속
삶 속의 향기들은
추억을 노래하며 함께 살아 숨 쉬니
시인과 노래 속에 춤추며 흘러가네.

(2015년 2월 9일)

삶

오늘 생활이 힘들지라도
짜증 내거나 실망치 않고

나 자신을 뒤돌아보며
무엇인가 한 번쯤 생각하네

오늘 하루는 충실하였는지
항상 자신의 삶을 반성하고

내 마음의 거울을 보며
생각하고 또 생각하네!

내가 지금 무엇을 하고 있는지
내일을 위해 무엇을 할 것인지

마음의 문을 활짝 열고
참다운 지식과 지혜를

나 자신의 것으로 만들어 가니
삶의 성공은 준비된 자의 것이네.

(2012년 8월 31일)

영원한 학(鶴)

새 중의 영물 학이
천 년을 산다지만

향나무 향기 속의
한 쌍의 자연 학은

대자연의 향기와
사람의 향기 속에

하늘의 뜻에 따라
영원무궁하리라!

(2012년 9월 23일)

「자연과 학」

인(忍) - 파라다이스를 향하여

망망대해 돛단배
홀로 있는 사람아

넓고 넓은 바다를
언제 저어 가려나

때로는 배고픔과
갈증에 시달리며

온갖 고난과 역경
참고 또 참아 내며

파라다이스를 향해
노 저어 달려가니

그리던 낙원 땅을
드디어 밟았구나!!

바다: 세상
돛단배: 인생살이

「인(忍) - 파라다이스를 찾아서」
(오동나무. 채색. 금가루)

술이 솟는 샘

영월 주천 신일리
술이 솟는 샘이라!

양반 오면 약주가
천민 오면 탁주가

땅에 솟는 샘 술도
양반 천민 알듯이

황금 주천 병 속의
술이 솟는 샘 있네

이 술은 선악의 술
마음의 술이오니

마음의 선한 술은
樂 향기에 취하고

마음의 악한 술은
배배 꼬는 독주니

술을 드시려거든
마음을 비우소서!

(2012년 8월 8일)

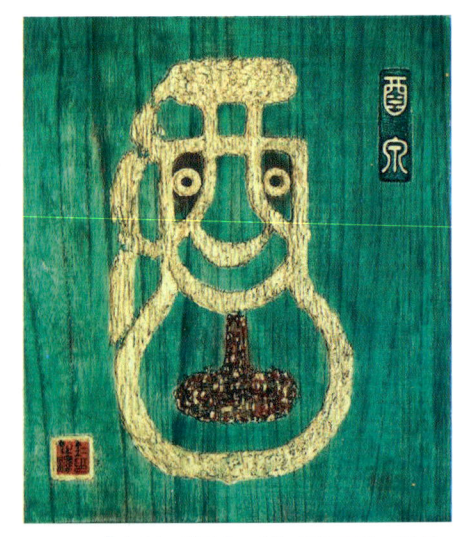

「술이 샘솟는 병」(아크릴 컬러.
금가루. 오동나무. 커피. 들기름)

아름다운 우리 사랑

서로 좋을 땐
평화롭고 행복했지
미래를 꿈꾸며
보랏빛 사랑으로

어느 순간부터 우리 사랑은
서서히 금이 가고 있었지

「아름다운 우리 사랑」
(도자기. 한지 채색)

볼 때마다
보랏빛 사랑은 어디 가고
돌 씹은 듯 일그러진 표정
서로의 마음은 깨어져 갔네

그때 난꽃의 아름답던 화분
퍽 소리 내며 깨지는 순간
내 사랑 깨지는 것 같은
아픔을 보았네

아, 이 아픔을 만들지 말아야지
아름답던 우리 사랑
생각하고 생각하니
어느덧 미움은 서서히 사라지고
옛날의 아름답던 사랑을 꽃피우네.

쌀나방 소동

밤마다 웬 나방이
작은 쌀통 속에
죽은 쌀나방들이

아니 이거
어쩌면 좋아!
벌레 가득한 쌀

물에 넣어 씻고 또 씻어
나방을 건져 내고 말리네

아침 장모님 왈
벌레 좀 있다고
쌀을 물에 씻으면
어떻게 밥해 먹느냐!

벌레가 잡아먹느냐!
그냥 놔두면 날아가는데

남자가 왜
이런 일에 신경을 써
물어보기라도 해야지

사람이 겸손하지 않고
잘못했다고 빌라 하네

아니 밤잠 안 자고
벌레 난 쌀 씻은 것이
왜 교만한 것과 관련
떡 해 먹으면 되지요?

돈도 벌지 못하면서
식구도 얼마 안 되는데
떡을 해서 누가 먹느냐

잘못했다고 하지 않는
그 태도가 교만이지!

세월의 흔적(痕迹)

빈곤에 학식 짧아 학문을 벗 삼으니
어느덧 지혜 지식 마음으로 샘솟네

시 서화 문자추상 깨닫고 펼쳐 내니

모든 삶의 고뇌는 깨달음 주기 위한
슬픔과 고통 속 영광의 산물이니

세월 속의 흔적은 어둠 속의 빛이네.

(2012년 9월 7일)

제3부
작가의 길

「세월의 흔적」(박달나무 채색)

작가의 길

온갖 고난과 역경 속에서
오로지 무엇인가 나만의 것을

만들어 보겠다는 일념 하나로
지혜와 지식을 찾아 구하니

하늘은 노력하는 자에게 보상을 주어
하고자 하는 일을 깨닫게 하니

그림에서 글자 글자에서 그림
오, 문자추상화로 인도하셨네.

(2012년 9월 25일)

행복

아침에 눈을 뜨면
살아 있음에 행복하고
일터에 나오면
일할 수 있는 자리가 행복이네
작가는 작품을 만들면서
작품의 성취에 행복하네.

행복의 집

카를 힐티의 행복론은
행복은 서로 그리워하며
"서로 마주 보며
서로 주는 것이다"

솟아오르는 태양
아름다운 바닷가

사랑하는 두 사람
마주 보며 손잡고

소꿉장난하던 때
옛정을 그리면서

엄마와 함께 놀던
옛일을 생각하네.

(2011년 10월 18일)

「행복의 집」(아크릴 컬러. 금가루. 오동나무. 커피. 들기름)

태몽 - 태양을 삼키다

갑자기 칠흑 같은
어두움이 깔리고

아무도 볼 수 없는
어두움이 오더니

갑자기 온 사방이
환하게 밝아지면서

붉은빛 태양이
밝게 나타나고

태양이 호랑이의
입으로 들어가네!

호랑이 호랑이가
태양을 삼키다니

참 기이한 일이네
참 기이한 일이야

깜짝 놀라 깨 보니
아- 꿈이었구나!

(2012년 9월 23일)

「태몽 - 태양을 삼키다」

태산에 올라

언제 올라가려나
높고 높은 태산을
오르고 또 올라서
정상에 올라서니
아래서 보지 못한
천하를 볼 수 있네

구름이 해 가리고
바람이 흔들어도
평화롭고 고요한
산 아래 바라보며

마음의 희망 실어
야호 하고 외치니
아름다운 산천은
울림으로 화답해.

(2012년 10월 9일)

태산: 중국은 왕이 되면 먼저 태산에다 고함
구름이 해 가리고: 아랫사람이 윗사람 눈속임
바람이 흔들어도: 사람들의 나쁜 말질
평화롭고 고요한 산 아래: 백성

「태산에 올라」(금가루. 아크릴 컬러. 오동나무)

無聲 中 之 有聲 無形 中 之 有形
有心 中 之 無心 有限 中 之 無限

中國 崔志琪

〈작품 해설〉
위 해(日)와 달(月): 두 눈 의미
산속의 左(雲) 右 측 풍(風)자: 구름과 바람 의미
빨간 하트 모양의 입: 마음의 희망을 전하는 소리 내는 모습
좌측 人(인) 속의 선: 높은 산을 오르는 길
우측 人(인) 속의 樂(낙) 좋아서 춤추는 모습
아래의 두 눈: 정상에 오르기 전 아래서 산꼭대기를 보는 눈
위의 산과 아래 목의 3선: 산천(山川)으로 위와 아랫사람의 대화

태산 등정

태산 등정 940 계단 수 6666
높고 높은 태산을 오르려는 사람들

너도나도 즐겁게
남녀노소 아이들 뛰는 사람 걷는 이
건강미 자랑하네

어느덧 중턱 넘어 폭포에 다다르니
책에서 본 소나무 여기에 있었구나!

너 아름다운 자태
칭송듣기 족하네

6 6 6 6 계단을 다 올라가려 하니
앞은 높은 산이요 눈앞에는 계단뿐
언제 저 꼭대기에 다다를 수 있을까

오르고 또 오르니
태산 정복 이루었네.

(2009년 9월 31일)

태(胎)의 득도(得道) 다조(多助)

오!
우아
멀구슬나무 자태
어찌 그리 고상한고
입과 코
오
입과 팔다리
우
눈을 크게 뜨고 보니
아
잉태의 축복과
득도 다조의 길
작품 속에 살아 숨 쉬네.

(2015년 4월 14일)

「오! 우아 득도(得道) 다조(多助)」
(천연기념물과 순금 혼합)

〈작품 설명〉
자연의 나무 모양을 살려 아기의 잉태와 축복은 〈득도(得道) 다조(多助)〉 즉 발로 뛰어서 사람들을 도와주면 사람들의 마음을 얻게 되어 모든 일에 성공한다는 것이다.

호주머니 속의 모기

내 귀는
말소리 듣는 것 둔한데
잠자리
모기 앵하는 소리 밝아
불 켜 잡으려 하면
어느새 몸 숨기네

다시 불 끄고 누워
또 앵-하는 소리
어느새 얼굴 팔은
부풀어 올라 있고

잔뜩 피 먹은 모기
날아가기 둔하여
모기 채로 탁 치니
붉은 피

이제 편히 잠들까 누우려면
또 앵-하는 소리
불은 켜지고
세 마리 모기 장롱 벽에 붙어 있네

어디에
숨었기에
없던 모기
계속 나올까

모기 나도 살려고
지혜와 꾀를 내어
호주머니 속 휴지에
숨죽이고 있었지

아뿔싸!
호주머니 속 모기
휴지 꺼내려던
주인 눈에 들키니
도주하려다 잡혀
짧은 삶 하직하네.

(2012년 10월 25일)

문자들의 이야기

야!
넌 누구니?
난
이집트에서 왔지

그러는 넌
나는
북아메리카 인디언
야!
너는
나와 저 사람은
중국 갑골과 남쪽 동파지

그래 난
동이족인데 너는 인디아
그러면 얘는 누구니?
그는 우리보다
사오천 년 뒤에
태어난 문자추상화래

그러면
우리 각기
한 자씩 그려볼까.

 (2010년 5월 2일)

「문자박물관 모형도」
(오동나무. 채색. 금가루)

한마음 〔一心〕

선에서 원방각의
원리를 사용하여

눈 코 입 몸 만들고
기능의 뜻을 넣어

코는
우울하고 괴로울 때

몸은
평화로운 마음으로

양쪽 눈은
서로 사랑하고
미래를 바라보며

입으로
찬양의 노래 부르니

항상 즐거움으로
평화롭고 행복하네.

「한마음」

사랑과 평화
작사 김정택 / 작곡 서성일

언제나 마음의 평화를 간직하고
서로서로 아름다운 사랑을 나누면서

내일을 바라보고 희망찬 마음으로
양보하고 살면 행복이 온다네

괴롭고 우울하고 슬픔이 밀리면
껄껄껄 웃고 하늘 한번 보세요

시기하지 말아요 다투지도 말아요
용서하고 웃고 살면 행복이 온다네

즐거운 마음으로 평화를 찾아
모두 함께 사랑을 나누세.

어둠 속의 빛

울리야놉스크 레닌의 고향
러시아 침대열차 15시간

초대받아 찾아간 아파트
다 무너질 것 같은 벽
캄캄한 골목 들어서니
떨어질 것 같은 엘리베이터

라이터 불 켜면서
캄캄한 골목 계단 돌고 돌아
멋진 노화가의 방
우리를 반기며 미소 짓네

어두움 속의 긴장감 사라지고
밝은 빛 속에 아름다운 그림들
작가의 추상 세계 화폭에는
구 러시아는 쓰레받기 형틀로 비유되고

현 사회를
낚시꾼이 고기를 잡아 올리듯
여인을 들어 올리는 모습으로
나라의 경제 상태를 비평하네.

레닌기념관

러시아
울리야놉스크

공산주의자
레닌의 고향

아름다운 볼가강
레닌기념전시관

역사의 유물들은
만민을 위하여

자신을 불태운
희생을 알리고

볼가강의
아름다운 절경은

역사의 인물을
내기에 족하구나.

항주

찬란한 문화를 꽃피운 항주(杭州)야
너와 처음 만남은 서호(西湖)의 안개였지

아름다운 황산(黃山) 설경(雪景)에 핀 얼음꽃은
영롱한 보석(寶石)들이 발광(發光)하는 빛이었네

너의 따뜻한 품속의 우정은
사월의 향기 속에 나를 부르고

안개 걷힌 서호를 다시 보면서
항주(杭州)의 문향(文香) 속에 취하고 싶구나.

황산에 뜨는 별

해는 어제도 뜨고 오늘도 떠오르는데
황산의 뜨는 해는 무엇이 다르기에

수많은 사람들이 어두움을 헤치며
해돋이를 보려고 모여들고 있는가!

카메라와 사람 눈
오직 해 떠오르길 주시하고 있구나!

해는 살짝 얼굴 붉히며 내밀더니
드디어 온 누리에 발광하고 있구나!

어둠에 숨어 있던 황산의 절경들도
서서히 드러나서 천지가 반사되어

아름다운 절경을 다 함께 노래하네.

제4부
용서와 사랑

「용서와 사랑」(오동나무. 금가루 혼합재료)

눈 속에 숨겨진 지혜와 이해

지혜 그것은
어디에서 오며

이해가
있는 곳 어디인가?

그것은
살아 있는 눈 속에
모두 숨겨져 있네.
　(욥기 28:20~21)

「사랑의 일곱 눈」
(금가루. 아크릴 컬러. 오동나무. 커피. 들기름)

사랑 1

사랑은 받기보다
주는 것이 즐겁고

사랑은 고통 속에
믿음과 신뢰 주며

사랑은 마음속의
화평과 행복이네.

「사랑」

사랑 2

사랑은
미워도 미워하지 않고
싫어도 싫어하지 않는
늘 곁에 두고픈 보고 싶은 얼굴

때로는 짜증 내고 괴롭히지만
애처롭고 안타까운 고운 사람

건강이 좋을 때는 천사의 얼굴
아픔의 고통에는 악마의 얼굴

하느님은 나에게 가시를 주어
교만하지 말고 늘 겸손하라고

어여쁜 당신을
천사의 얼굴과 악마의 얼굴로
때로는 즐거움과 징계를 주니

사랑은 고통 속에 기쁨을 주고
사랑은 인내 속에 보상을 주네.

아내의 외로움

우울증에 당뇨병
마음이 약한 아내

어느덧 청양회갑
외국 간다는 남편

그저 심장이 떨려
두렵기만 하다네

어린아이처럼
마음 여린 아내

우울증 이유로
다른 사람들과

어울리지 못하고
혼자서 외로움에

말없이 눈물 닦네.

여호와의 사랑과 친절에 감사

오! 여호와여
영광과 찬양을 받으소서

미천한 자에게
사랑의 친절로 크신 은혜를 베풀어

지혜와 지식이 부족한 저를
세계를 두루 보게 하시어

많은 것을 보고 느끼고 깨우쳐
고난 속에서 견딜 힘 주셨으며

귀한 그릇으로 사용하시어
좋은 작품과 아름다운 자연들

마음의 풍요와 즐거움으로
당신을 찬양케 하셨나이다

이제 당신께 받은 큰 은사를
도움이 필요한 많은 사람에게

후대의 정을
나눌 기회를 주시고

「소녀의 기도」

배움이 필요한 자에게
지혜와 지식을 사용하여

당신께 받은 은사로
당신을 찬양케 하소서

아멘, 할렐루야.

(2012년 1월 5일)

도의 길

사람에게는
각자의 길이 있다네

종교인에게는
도의 길이 있고
상인에게는
상도의 길이 있으며
정치인에게는
지도자의 길이 있네

정도의 길이 있으면
불법의 길도 있고
생명의 길이 있으면
죽음의 길도 있다네

해 아래 사는 사람
모두에게 길이 있으나
자기 길을 걸으면
평탄과 즐거움이
자기 길이 아니면
슬픔과 고통이네.

(2012년 2월 7일)

「도의 길」

時空間(시공간)의 壁(벽)을 넘어라

거대한 宇宙의 壁 視, 空間의 壁을 넘어라
우리의 삶 속에 과거도 있고 현재도 있네

하지만 時空間 속에 未來의 벽이 막고 있네

높은 곳을 향하여 마음의 문을 열어라
진리의 빛이 그대를 깨닫게 하리라.
 (2012년 8월 31일)

「시공간의 벽을 넘어라」(오동나무. 채색. 금가루)

視空間: 시각에 의해 지각되는 공간 세계
시간을 가리키는 손가락 3개는 과거, 현재, 미래를 의미한다.

선과 악 1

선이 무엇이고 악이 무엇인가
죄가 무엇이고 양심은 무엇인가

선이 악이고 악이 선이라면
무엇이 옳고 무엇이 잘못인가

해 아래서 숨 쉬고 사노라면
죄와 양심을 구별하기 힘드니

죄와 양심 마음의 표준은
하느님의 진리 말씀이네.

선과 악 2

선과 악 죄와 양심
사람의 눈 속에
선과 악이 함께 있네

악한 눈은 악을 향하고
선한 눈은 선을 향하니
악인의 양심은 회칠한 무덤이요
선인의 마음은
성령의 열매로다.

(2012년 8월 1일)

「선과 악」(스티로폼 채색)

인생 삶의 노래

　　1
인생이 무엇이고
삶이란 무엇인가

마음의 향기 속에
사는 게 인생이지

인생이란 삶 속에
행복을 원하지만

우리네 인생살이
번민과 고통이네

고통과 시련들은
약방의 감초같이

깨달음 주기 위한
고난의 산물이네

인생이란 삶 속에
즐겁게 살아보세.

2
인생이 무엇이고
삶이란 별것인가

마음의 희망 속에
사는 게 인생이지

인생이란 삶 속에
행복을 원하지만

우리네 인생살이
시련의 연속이네

고난들을 통하여
깨닫고 즐기어라

깨달음의 기쁨은
最上의 歡喜이니

마음의 화평 속에
행복 길이 누리네.

(2015년 2월 9일)

인생의 아름다움

인생의 아름다움은
미적인 아름다움과
내적인 아름다움도 있지만
보다 더 아름다움은
산 같은 큰 시련을 극복하면서

마치 파도 타는 사람처럼
아름다운 목적을
성취하는 사람이네.

「인생의 미」(나무뿌리. 톱밥. 한지 채색)

은혜

당신이 주신 커다란 은혜와 사랑으로
세계의 도시와 아름다운 강산과 대자연
인간이 만들어 온 역사의 유물과 그림

인간 삶의 고통과 즐거움을
고루 관찰하고 깨닫게 하시어
삶의 진정한 의미를 생각하게 하시고
당신의 무한한 사랑을 알게 하셨으니
이 큰 축복을 어찌 말로 표현하리오!

「은혜」(아크릴 컬러. 오동나무. 금가루. 커피. 들기름)

용서와 사랑

용서하는 마음은
즐거움과 기쁨을

미워하는 마음은
괴로움과 슬픔을

사랑하는 마음은
모든 것을 베푸네.

「용서와 사랑」(오동나무. 금가루 혼합재료)

낮과 밤
－ 文字 天地創造 －

하늘은
빛과 어두움으로
낮과 밤을 만들고

만물의 생명 위해
비를 내리는구나

땅이 화합하듯이
샘물 솟게 하니

둘이 하나가 되어
강과 바다로 흘러

바닷물은 물들을
포용 넘침이 없네

만물의 생명 잉태
우주의 섭리같이

자연의 모든 이치
음양의 조화로다.

「문자 천지창조」(소나무)

환상의 절벽

삶의 환상은
행복과 희망

눈앞의 현실
캄캄한 절벽

절벽 속의 빛
생명수 호수
희망 속의 꿈

환상의 절벽
찬란한 빛이네.

제5부
삼천리금수강산

「삼천리금수강산」
(오동나무 채색. 금가루)

죽음의 터널에서

秦冷 터널 6킬로 차량 매연 찜질방
마치 죽음 공포가 서서히 다가오고
긴 차량의 행렬은 움직일 줄 모르네

시간이 흐를수록
차 안에 앉은 사람 수건으로 입 막고
견디다 못한 사람 내려서 뛰고 있네

자동차는 빵 빵 빵
마치 살려 달라고 애원하는 것 같네

뚱뚱한 최지기는 견디기 어려운지
부인과 함께 내려 가다가 돌아와서
백 미터만 더 가면 다 왔다고 외치네

죽음의 터널에서 구출되어 돌아온
새로운 사람처럼.

(2009년 9월)

꼬레아 여인

세계 속에 한류 바람
왜 부는가 하였더니

예술 나라 프랑스에
한국 문화 심고 가꾸며

꼬레아의 미술 문화
노래 부르네.

(2010년 5월 2일 한국 문화콘텐츠 인사말 중에서)

한글은 사람 형상

한글은
사람의 형상 안에 있고
한글은 한글은
참으로 과학이네!

닿소리
ㄱㄴㄷㄹㅁㅂㅅㅈㅊㅋㅌㅍ은
몸과 팔다리라면

홀소리
ㅏㅑㅓㅕㅗㅛㅜㅠㅡㅣ는
눈, 코, 입속에 있네!

●ㅇㅎ은 자음과 모음이
머리에서 찬양하네!

「한글은 사람의 형상 안에 있다」
(한지 채색)

세계를 빛낸 한국의 얼굴

얼씨구!
세계 속 한국의 집
문 열고 들어가 보자꾸나

바탕에는 한국 문화의 뿌리
한글을 창제하신 세종대왕
얼굴과 머리에 훈민정음

얼굴 볼에 삼성, 현대 로고가
세계 속의 한국 경제 빛으로

입에는 UN사무총장 인장이
세계 통치자로 세계 평화 외치네

양쪽 눈을 보니 눈 속의 두 모습
한쪽은
세계 스포츠의 빛 피겨스케이팅 김연아

또 한쪽은
비디오 예술 거장 백남준 얼굴이네

이마는
그 사람을 표하듯
문자추상화로 작가를 나타내네.

「세계를 빛낸 한국의 얼굴」
(오동나무. 금가루. 혼합재료)

한글 사랑 천지인

한글은
사람의 형상 안에 있고

한글의 뛰어남은
참으로 과학이네!

닿소리와 홀소리는
음양의 조화요

원방각과 천지인은
한글의 탄생일세

동그라미, 네모, 삼각이
머리, 몸, 다리라면

하늘, 땅, 사람은
천지인 아닌가

문자 속의
한글 사랑
세계의 자랑이네.

「원방각과 천지인의 사랑」

삼천리금수강산

한국의 문자지도
삼천리금수강산

뜻과 의미 조화를
문자로 나타냈네!

일곱 자 문자 속에
산 도시 고속도로

부산에서 신의주
통일된 대한민국

문자와 문자추상
문화 강국 되리라.

(2012년 9월 21일)

「삼천리금수강산」
(오동나무 채색. 금가루)

한류여 영원하라!

한류, 한류, 한류
한류 CEO

한류의 외침 속에 함께 모여
유행가 가사처럼 노래 부르네

문화 파이오니아 정 깊어지니
어제는 케이 팝, 오늘은 난타,
내일은 뮤지컬, 오페라, 연주회

밤마다 공연장을 누비면서
와인 향 소맥으로 정을 나누며

문화 예술 향기 속에 취하니
어느덧 우리는 하나 되었네

한류, 한류, 한류
한류 CEO
한류의 문화 예술 영원하리라.

뜨는 별과 지는 해

아시아의 뜨는 별
베트남을 보았네
아이의 울음소리
힘찬 기업의 소리
지도자들의 친절
타인을 배려하는
아름다운 모습은
발전하던 한국을
연상케 하는구나

아시아의 태양
한국을 보노라면
갓난아기 울음과
웃음은 사라지고
기업과 자영업은
한숨과 탄식이네
위정자들과 백성
불화와 투쟁으로
아시아의 태양은
서서히 질 것인가
아! 동방의 빛이여
다시 빛을 발하라!

(2019년 4월 19일)

辛卯(신묘)

辛卯年 60해에
금빛 찬란한 토끼

어둡고 암울했던
세월 속의 향기는

아픔 속에 사랑을
인내 속에 행복을

아름다운 강산의
온 누리에 비추네.

「신묘(辛卯)」
오동나무 혼합재료. 금가루

땅

땅, 땅, 땅
땅을 찾아
전국을 누비네
뭐 하려고
글쎄
미술관 박물관
땅이라고 생긴 땅
왜 이렇게 비싸노
어느 날
평당 만 원짜리 땅
있다기에
달려가 잡았더니
이것이 내가 찾던
축복의 땅!

(2016년 7월 27일)

산바 태풍

태풍 산바 산바는
유행가 가사 같네

삼바 춤 추듯이
돌고 돌고 흔들며

폭우 강풍 해일로
신나게 춤을 추니

산바 태풍 가는 길
한탄과 통곡이네

삼바 춤 삼바 노래
신나게 트위스트

산바는 한탄 통곡
삼바는 즐겁구나.

두 동전 이야기

검정 칠에 덥혀
베일에 가려진
두 동전 이야기
열심히 문질러
베일 벗겨 보니
아름다운 동전
1900년에 만든
인디언 왕의 모습
왕관과 목 부분이
보물의 이야기네

못난이 동전은
얼굴 형체 년도가
알아보기 힘드나
고통 속에 태어난
일그러진 테두리
문자의 이야기가
희귀성의 가치네.

(2020년 11월 5일)

1900년에 만든 아메리카 동전

찌그러진 못난이 동전

샘〔泉〕

1
눈샘은
비 온 뒤 햇살을 밝게 비취듯
창을 밝게 하고
젖샘은
아이의 성장과 사랑의 교훈을 주며
여인의 샘은
생명의 탄생과
사랑을 품어 안아 행복을 주네.

2
하늘은
비를 내리고
땅은
샘물이 솟게 하니
바다는
물의 근원을 주누나.

「행복의 샘」(향나무)

나무옹이 다섯 개를 살려서 만든 작품
인체의 샘과 자연의 샘을 작품화함
소장자: 陳學鍾

산 산 산

山 山 山
앞산 뒷산 먼 산
自然의 文字 山

산은
앞에 있으나
뒤에 있으나
멀리 있으나

아름다운 山川은
변한 것이 없는데

사람은
앞에 있는 사람
뒤에 있는 사람
멀리 있는 사람

가깝고도 먼 사람
情으로 알 수 있네.

「山+山+山」

늑대들의 잔치

아름다운 숲속에 세계 동물들 모여
격조 높은 예술의 장기 자랑 대회를 여니
잔치에는 관심 없고 상밥에만 눈독 두네

늑대들 먹이 찾아 킹킹대누나!
그 틈새 크고 힘센 늑대 한 마리
이번 잔치 큰 상은 물론 내 것이야

어떤 것 먹을까
야! 대상 나 주면 찬조비 내줄게

집주인 큰 늑대 욕심에 놀라
이거 큰일 났구나
저 큰 늑대를 어떻게 물리칠까

고민하던 주인
그 대상은 동물의 왕 선택이에요

어, 그러면 이것은 내 것이 안 되겠는걸
실망하고 있는데

의. 장. 시 요리로 상 차린다니
아! 더 좋은 것 있네
이것은 따놓은 밥상이구나!

무엇을 먹을까
의, 장, 시 상
기회를 두고 봐야지
또 안 될지 모르니까

어느 날 주인 힘센 늑대 모임에 불러
'의' 상 누구에게 줄까요?
늑대 왕 몫은 안 되고요

내가 가지면 동물들이 욕심쟁이라 하겠지
그러면 표범에게 주자

더 작은 것은 주고 큰 것을 챙겨야지
룰루랄라 기분 좋네! 노래동산으로

그래도 안심이 안 되는걸
저 주인 놈 보통이 아니야!

대회를 열어 심사에 들어가니
너무 놀라고 당황하여 어찌할 바 모르네

저마다 새끼 줄 것 챙기더니
우리는 맛있는 고기 다 먹었으니
주인께서
더 좋은 것 알아서 챙겨 주세요

이때 힘센 늑대 안 되겠다
안전하게 또 한 여우를 불러들이자

어이, 여우야
우리 장기 자랑에 심판 좀 맡아 주겠나

집주인 어! 큰일 났네
저 늑대 또 머리 쓰네! 고민하고 있는데
작은 늑대 내가 많이 일했으니
그 '장' 상은 내 것이라고 킹킹대네

어느 날 밥 주려고 늑대들 불러 모으니
저마다 자기 새끼 주려고 야단들 떠니
큰 늑대 작은 늑대들 다 보내고

야! 지금이다
다시 장상 시상 대상 맛있는 것 차려 봐

집주인 큰 늑대 낌새 눈치 못 채고
다시 동물들을 모아 놓으니

큰 늑대 힘으로 꾀로 늑대들 끌어들여
암노루 산양 몇 마리 더 데리고 와
늑대들 입 막으려고 숫자 늘리고

호랑이 심판관 새끼를 끌어들이니
장상을 친구 끌어들여 먹어 치우네

아! 먹고 싶으면 이렇게 먹어야지
일사부재리 원칙 있으니 누가 빼앗아 가랴

작은 늘대 보고 있다가 말은 못 하고
동료 늘대들에게 소문 퍼트려
주인에게 항의하며 킹킹대니

크고 힘센 늘대 행동 보다 못해
집주인 이제 이 큰 늘대를
어떻게 해야 장상 먹은 것 토하게 할까

고민하다 큰 늘대에게
장상을 포기하세요
작은 늘대들이 야단입니다

큰 늘대 먹고 싶은 것 먹었으니
난 이젠 몰라, 내가 줄 수 있는 건 아무것도 없어
하고 나 몰라라 하니

주인 참다못해 다시 재심사 소집하여
공정한 심사 위해 채점으로 뽑으니
장상은 새끼 늘대가 아닌 암양이 되었네

동물들의 잔치
어렵고 시끄럽게 마치니

욕심쟁이 큰 늘대
욕심부리다 망신만 사는구나.

천마(天馬)

天馬가 달린다.
전쟁을 상징하는 붉은 말과
질병을 상징하는 청색 말과
기근을 상징하는 검은 말과
왕을 상징하는 황금색 말이
모든 재난과 죽음마저 없애려고
면류관을 쓰고 말을 타고 달린다.

*계시록 6:1~17(성서는 백마로 됨)

「천마의 행진」

문자 추상화가 김정택의
미술 작품 모음

「大韓國人主」

「구궁인재론」

「구궁인재론 2」

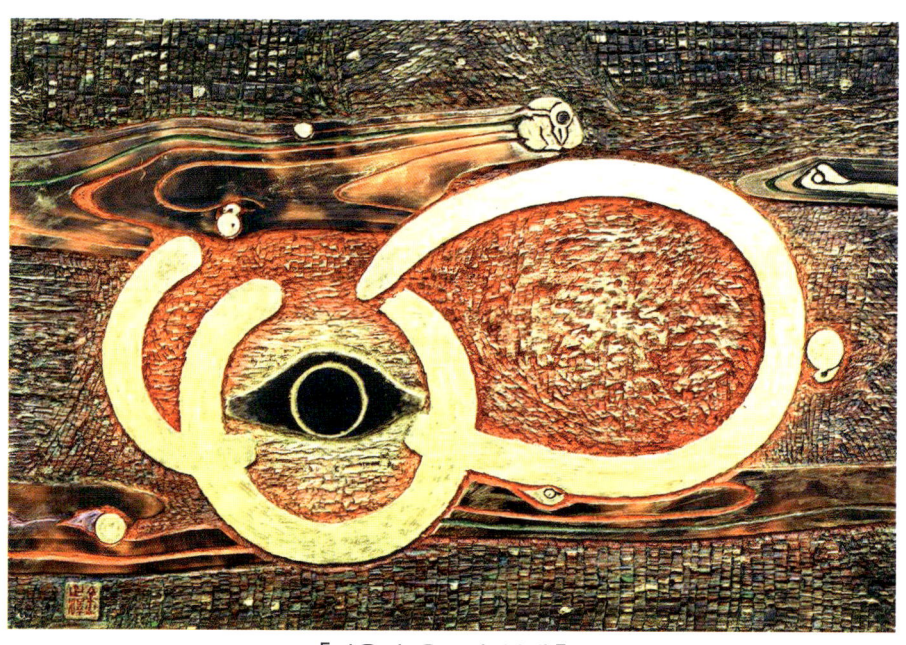

「마음의 우주와 블랙홀」

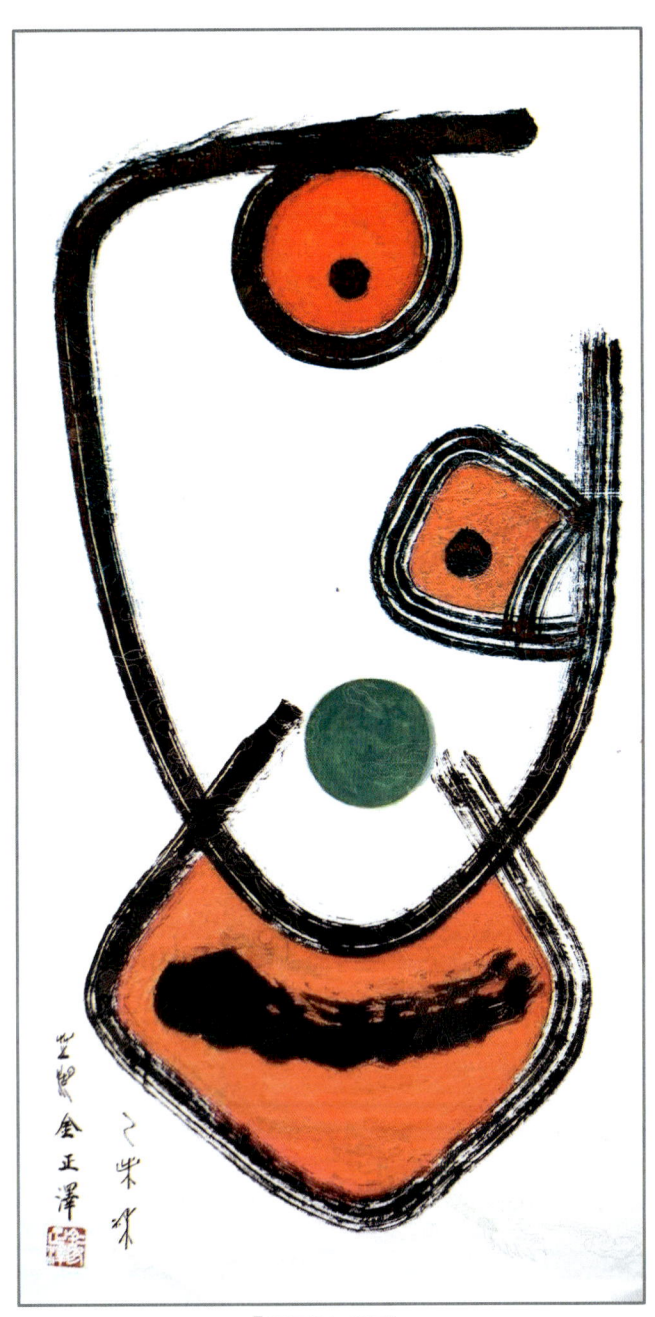

「우주와 인간」

「우주와 인간 2」

「여호와의 속성」

「영생」

「영생」

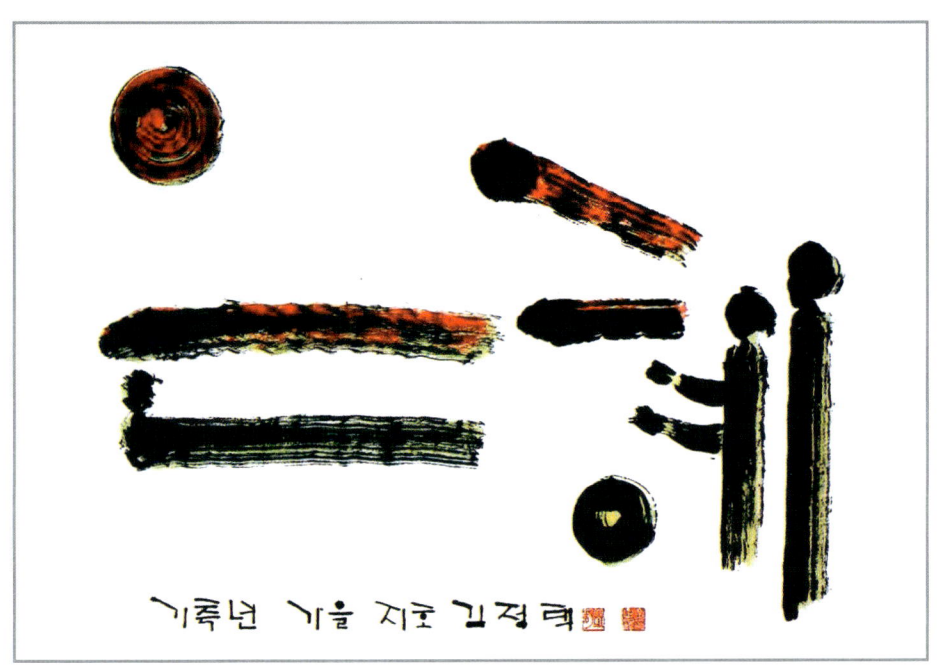

「은혜」

「천마」

「천마의 행진」

「한마음」

「사랑」

「환희」

「心器」

「사랑의 일곱 눈」

「절벽을 오르다」

「문자박물관 모형도」

「한글 형상도」

「한글=원방각과 모음의 소리」

「아리랑 희곡」

「한국은 하나」

「자연 속의 바람」

「심지심정」

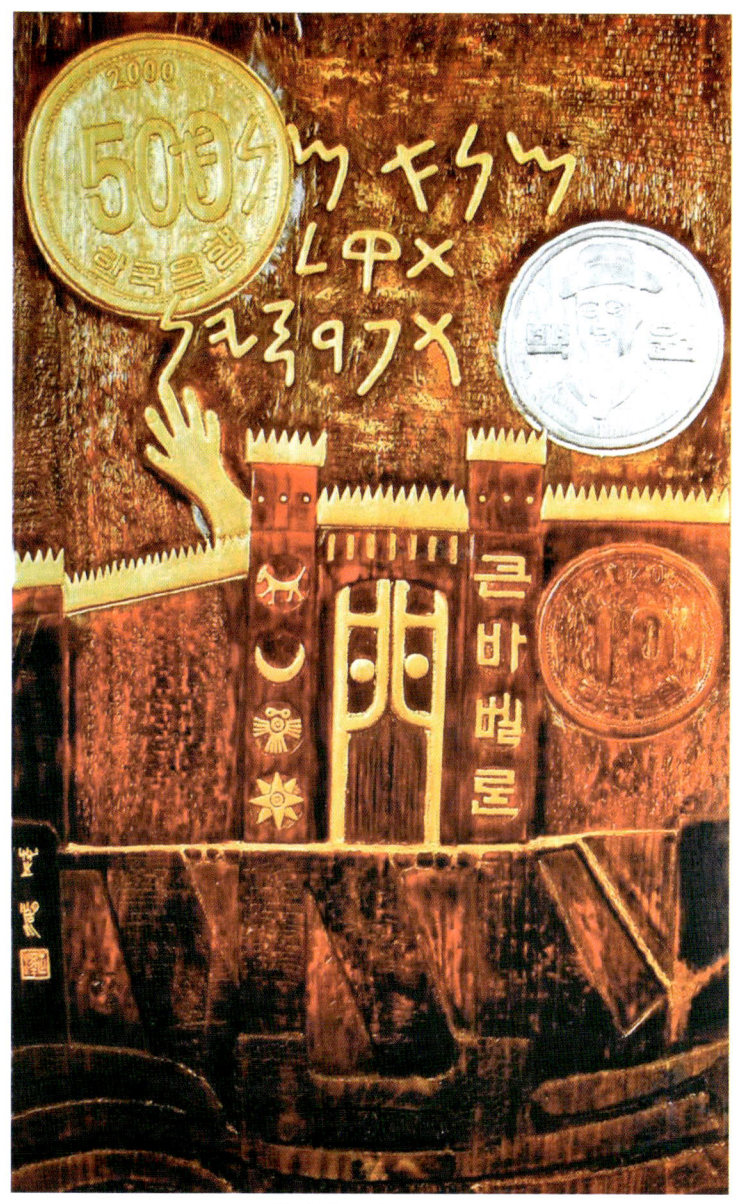

「바벨론의 교만」

김정택의 시와 문자추상화

우주와 마음의 대화

제1판 1쇄 인쇄 · 2020년 12월 25일
제1판 1쇄 발행 · 2020년 12월 30일

지은이 · 김정택
펴낸이 · 이종기
표지 그림 · 김정택
펴낸 곳 · 세종문화사
편집 주간 · 김영희

주소 · (03740)
　　　　서울 서대문구 통일로 107-39, 223호
　　　　E-mail · eds@kbnews.net
등록 · 1974년 2월 10일 제9-38호
전화 · (02)363-3345
팩스 · (02)363-9990

ISBN 978-89-7424-172-8　　03810

값 15,000원

이 도서의 국립중앙도서관 출판예정 도서목록(CIP)은
서지정보유통지원시스템 홈페이지(http://seoji.nl.go.kr)와
국가자료종합목록 구축시스템(http://kolis-net.nl.go.kr)에서
이용하실 수 있습니다. (CIP제어번호 : CIP2020050242)